글 스가와라 요헤이 그림 기타하라 겐타
옮김 김신혜 감수 손승현

웅진주니어

시작하는 말

안녕, 어린이 게으름 탈출 위원회에 온 걸 환영해!

먼저 나를 소개할게. 내 직업은 작업 치료사야. 병 또는 사고로 뇌나 몸을 다친 사람이 회복하도록 돕는 일을 하지. 좀 더 자세히 설명해 볼까? 몸의 일부분이 약해진 사람들은 그 부분의 원래 기능을 되찾기 위해 훈련을 받아야 해. 작업 치료사는 그들이 다양한 활동을 통해 능력을 되찾거나 키울 수 있도록 지원하는 일을 하고 있어.

우리는 매일 다양한 활동을 하며 살아가. 그중에 꼭 해야 하는 활동을 미루지 않고 그때그때 바로 해내기는 쉽지 않아. 주어진 일을 제때 하려면 연습이 필요하지. 지금부터 어떻게 하면 '바로 행동하는 힘'을 키울 수 있는지, 어떤 연습을 어떻게 해야 하는지 가르쳐 줄게.

여기서 중요한 건 다른 누구도 아닌 너 자신이 나서서 행동해야 한다는 거야. 네

모습을 바꿀 수 있는 건 너 자신뿐이니까. 쉽지 않을 것 같다고? 걱정하지 마. 그동안 다양한 사람의 훈련을 도우면서 익혀 온 흥미로운 지식과 실천하기 쉬운 기술을 지금부터 전부 알려 줄 거야!

　미루지 않고 바로 하는 건 사실 생각보다 쉬워! 한 가지 간단한 실험을 해 보자. 연필 한 자루만 준비하면 돼. 주변에 있는 친구나 가족에게 아무 설명 없이 "자." 하며 연필을 내밀어 보는 거야. 이때 연필심은 네 쪽을 향하게 잡아. 연필을 받을 때 상대방의 손은 어떤 모양이 될까? 그 순간을 놓치지 말고 잘 관찰해 봐.

　자, 상대방은 연필을 어떻게 잡았어? 네가 "무언가를 써."라고 말한 것도 아닌데 평소 무언가를 쓸 때처럼 연필을 잡았을 거야. 이게 바로 뇌의 습성이야!

　뇌는 어떤 모드가 켜지면 생각하지 않아도 저절로 움직여. 모드가 바뀔 때마다 기분이나 의욕은 물론, 눈앞에 있는 사람의 인상까지 달라지게 돼. 이러한 뇌를 잘 이용하면 '미루지 않고 바로 행동하는 뇌'를 만들 수 있어.

뇌의 모드에 따라 기분이나 생각이 바뀐다.'라는 사실은 여러 실험을 통해 밝혀졌어.

웃는 얼굴로 만화책을 읽으면 만화 내용이 더 재미있게 느껴져.

따뜻한 음료를 마시며 누군가의 이야기를 들으면, 상대방이 다정하게 느껴져.

대화하는 두 사람을 볼 때 까칠까칠한 물건을 만지고 있으면 두 사람 사이가 나쁘게 느껴지고, 폭신폭신한 물건을 만지고 있으면 두 사람 사이가 좋게 느껴져.

뇌는 눈으로 보거나 귀로 들은 것뿐만 아니라 근육의 움직임이나 체온, 물건의 감촉에 따라 어떤 행동을 할지 판단해. 다시 말해 뇌에 들어오는 감각이 바뀌면 행동도 바뀐다는 거지. 만약 너의 뇌에 '바로 행동하기 모드'가 있다면 어떨 것 같아? 당장 사용해 보고 싶지 않아?

　놀랍게도 너의 뇌에는 이미 '바로 행동하기 모드'가 장착되어 있어. 네가 지금까지 어떤 일들을 바로 할 수 없었다면, 그건 네 탓이 아니라 뇌의 모드가 잘못되어 있기 때문이야. 즉 뇌의 모드만 바꾼다면 오늘부터 바로 행동하는 어린이가 될 수 있다는 뜻이지!

　그럼 지금부터 놀라운 뇌를 슬기롭게 사용해 게으름에서 탈출하고 '지금 바로 행동하는 어린이'로 한 발짝 나아가 볼까?

스가와라 요헤이

차례

시작하는 말 • 04

1장 우리는 왜 바로 행동하지 못할까?

평소 하기 싫다고 생각하는 일은 뭐야? • 12
뇌도 싫어하는 게 있어 • 14
뇌가 싫어하는 일을 하고 있는 건 아닐까? • 16
내가 바라보는 나? • 18
`행동력 키우기 활동 1` 나만의 시간 상자 • 20

2장 예측하고 기억하는 힘

아침에 바로 일어나기 힘들어 • 22
나갈 준비를 자꾸 미루게 돼 • 24
누가 시키기 전에는 뭘 해야 할지 모르겠어 • 26
하기 싫거나 잘 못하는 일은 미루게 돼 • 28
방학 숙제는 개학 전날까지 미루게 돼 • 30
준비한 일을 끝내자마자 의욕이 사라져 버려 • 32
다음 할 일로 넘어가기가 어려워 • 34
밤에 일찍 잠들기 힘들어 • 36
`행동력 키우기 활동 2` 나만의 취침 노트 • 38

3장 정보를 저장하고 행동하는 힘

- 숙제를 자꾸만 미루게 돼 • 40
- 배운 것을 금방 잊어버려 • 42
- 게임을 멈출 수 없어 • 44
- 방 정리가 귀찮아 • 46
- 숙제하다가 딴생각할 때가 많아 • 48
- 실패할까 봐 시도하지 못하겠어 • 50
- 미룬 일은 계속 미루게 돼 • 52
- 누워 있으면 모든 게 귀찮아 • 54
- 행동력 키우기 활동 3 '오늘 할 일' 빙고 게임 • 56

4장 행동력을 더 강하게 만드는 법

- 아침 일찍 할 일을 한다 • 58
- 주 4일을 지킨다 • 60
- 자기 뇌를 연구한다 • 62
- 바로 하는 장소를 만든다 • 64
- 나의 행동력을 시각화한다 • 66
- 행동력 키우기 활동 4 바로 하는 행동 지도 • 68

끝내는 말 • 70

부록 행동력 키우기 활동지 • 73

뇌를 잘 알아야
행동을 바꿀 수 있다고?

1장

우리는 왜 바로 행동하지 못할까?

"지금 바로 못 하겠어!"의 정체

평소 하기 싫다고 생각하는 일은 뭐야?

하기 싫은 일에 체크해 봐.

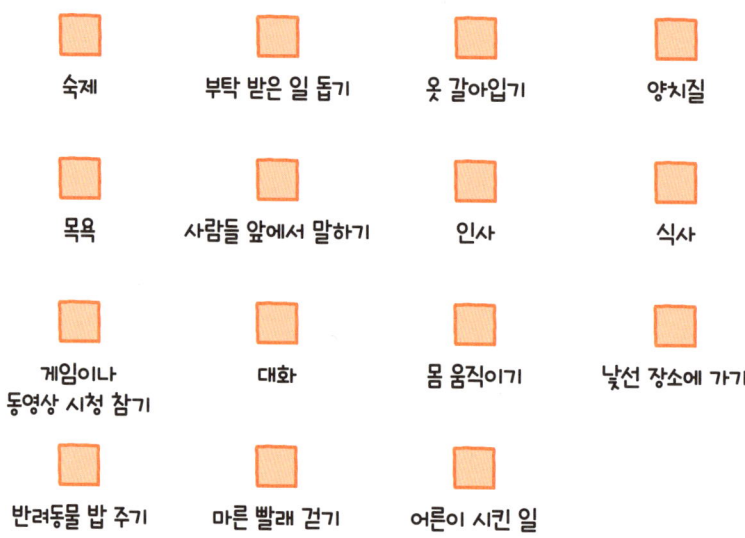

☐ 숙제 ☐ 부탁 받은 일 돕기 ☐ 옷 갈아입기 ☐ 양치질

☐ 목욕 ☐ 사람들 앞에서 말하기 ☐ 인사 ☐ 식사

☐ 게임이나 동영상 시청 참기 ☐ 대화 ☐ 몸 움직이기 ☐ 낯선 장소에 가기

☐ 반려동물 밥 주기 ☐ 마른 빨래 걷기 ☐ 어른이 시킨 일

체크한 게 많다고 실망할 필요는 없어. 그만큼 앞으로 이 책을 통해 행동력을 키울 수 있는 기회가 많다는 뜻이니까. 뇌는 네가 한 일과 하지 않은 일을 통해 매일 새롭게 바뀌고 있거든. 매일매일이 너의 뇌를 바꿀 기회야!

두 가지 뇌

보통 아기들은 눈앞에 보이는 것을 냅다 입에 넣곤 해. '본능적 뇌'가 작용하기 때문이야. 아기의 뇌는 하고 싶은 일이라면 자기에게 위험하거나 남에게 피해를 끼치더라도 곧바로 해 버리지. 그래서 눈을 떼지 말고 잘 살펴봐야 해.

한편 본능적 뇌의 작용을 억제하는 뇌를 '사회적 뇌'라고 해. 사회적 뇌는 사춘기를 지나며 크게 성장하고, 성인이 되어서도 계속 자라나.

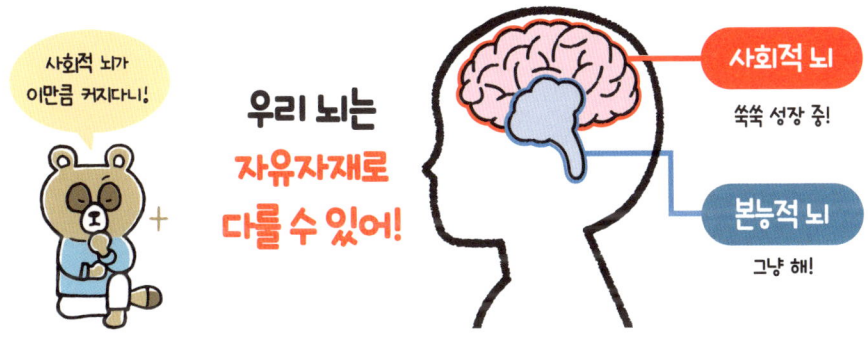

'바로 못 하는' 이유

사회적 뇌의 힘이 갑자기 세지면 본능적 뇌를 강하게 누르기도 해. 보이는 것에 바로 손을 뻗는 본능적 뇌가 억눌리면 어떻게 될까? 무언가를 보고도 보지 않은 척하거나 할 일을 바로 하지 않고 나중으로 미루게 되겠지. 이게 "지금 바로 못 하겠어!"의 정체야. 어떤 일을 하기 싫다는 생각이 든다면, 본능적 뇌와 사회적 뇌의 사이가 나빠진 거야. 이제부디 두 뇌를 잘 화해시키는 법을 배워 보자.

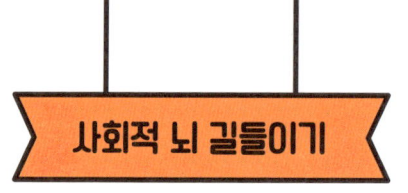

사회적 뇌 길들이기

뇌도 싫어하는 게 있어

어라? 난 분명 숙제하려고 했는데….

뇌의 특징을 알아야 바로 행동하기 위한 첫걸음을 뗄 수 있어.

두 가지 뇌

보통 아기들은 눈앞에 보이는 것을 냅다 입에 넣곤 해. '본능적 뇌'가 작용하기 때문이야. 아기의 뇌는 하고 싶은 일이라면 자기에게 위험하거나 남에게 피해를 끼치더라도 곧바로 해 버리지. 그래서 눈을 떼지 말고 잘 살펴봐야 해.

한편 본능적 뇌의 작용을 억제하는 뇌를 '사회적 뇌'라고 해. 사회적 뇌는 사춘기를 지나며 크게 성장하고, 성인이 되어서도 계속 자라나.

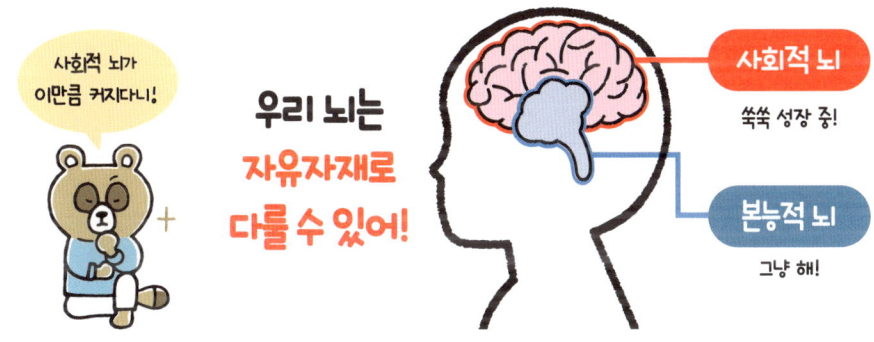

'바로 못 하는' 이유

사회적 뇌의 힘이 갑자기 세지면 본능적 뇌를 강하게 누르기도 해. 보이는 것에 바로 손을 뻗는 본능적 뇌가 억눌리면 어떻게 될까? 무언가를 보고도 보지 않은 척하거나 할 일을 바로 하지 않고 나중으로 미루게 되겠지. 이게 "지금 바로 못 하겠어!"의 정체야. 어떤 일을 하기 싫다는 생각이 든다면, 본능적 뇌와 사회적 뇌의 사이가 나빠진 거야. 이제부터 두 뇌를 잘 화해시키는 법을 배워 보자.

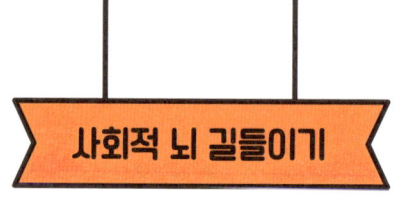

사회적 뇌 길들이기

뇌도 싫어하는 게 있어

뇌의 특징을 알아야
바로 행동하기 위한 첫걸음을 뗄 수 있어.

사회적 뇌가 싫어하는 세 가지

① 한번에 여러 가지 일을 한다.

책을 읽으면서 컵에 물을 따르는 등 두 가지 이상의 일을 동시에 하면 뇌는 쉽게 지쳐.

② 예정과 다른 일을 한다.

숙제할 생각이었는데 정신 차리고 보니 게임하고 있던 적 있지? 이때 뇌는 숙제할 준비를 멈추고 갑자기 게임을 해야 해. 준비하다가 멈추거나 준비 없이 행동할 때 뇌는 혼란에 빠져.

③ 항상 같은 일을 반복하거나 매번 다른 일을 한다.

선생님이 매일 같은 숙제를 낸다면 어떨까? 지긋지긋하겠지. 뇌는 변화가 없으면 지루해해. 반대로 매일 담임 선생님이 바뀐다고 생각해 봐. 매번 낯선 선생님과 마주해야 하니 불편하겠지? 이처럼 변화가 심해도 뇌는 혼란스러워해.

뇌가 싫어하는 일을 하고 있는 건 아닐까?

평소 사회적 뇌를 불편하게 만들고 있지 않은지 체크해 봐.

 자꾸만 새로운 일을 시작한다.

 하던 일을 도중에 그만두고 다른 일을 한다.

 원하는 물건을 빨리 얻으려고 한다.

 종종 "~해야 하는데!"라며 투덜거린다.

 막연히 '그냥 하면 돼.'라고 생각한다.

 뭐든지 책상에서 한다.

 TV나 동영상을 틀어 둔 채 숙제한다.

 운동은 하지 않고 누워만 있다.

 몇 개나 체크했어?

사회적 뇌가 싫어하는 게 이렇게 많다니 놀랐어? 괜찮아. 앞으로 뇌가 좋아하는 행동을 하면, 어떤 일이든 미루지 않고 바로 하게 될 테니까.

바로 행동할 수 없었던 건 네 탓만이 아니야

네가 지금까지 바로 행동할 수 없었던 건 네가 게으르거나 능력이 없어서가 아니야. 너도 모르게 스스로 뇌를 불편하게 만들고 있었던 건 아닌지 살펴보자.

뇌에 의욕이 생기는 행동을 하자

누군가가 너에게 무작정 "그냥 하면 돼!"라고 말한다면, 당장 무엇을 어떻게 해야 할지 잘 모르겠지? 뇌도 마찬가지야. 그리고 네 책상이 숙제뿐만 아니라 게임도 하고 식사도 하는 곳이라면, 뇌는 그 책상에서 어떤 작업을 할지 선택해야 해. 숙제에 집중해야 할 때 텔레비전이나 동영상을 틀어 두면, 뇌는 그것들을 무시하는 데 에너지를 써야 하지.

앞서 체크했듯이 너는 자기도 모르는 사이에 뇌가 '불편해지는 모드'를 켠 거야. 이제 그 사실을 알았으니까 뇌가 '불편해지는 모드'를 '바로 행동하는 모드'로 바꿔 가자.

내가 바라보는 나?

네가 아니라 너의 뇌가
열심히 일하게 하자.

너는 감독, 뇌는 선수

자기 자신을 객관적으로 바라보는 힘을 '메타 인지'라고 해. 메타 인지를 잘하면 자기 뇌도 잘 다룰 수 있는데, 가장 쉬운 방법은 다른 사람의 눈으로 자신을 보는 거야. 예를 들어 스포츠 경기에서 감독은 냉정한 시선으로 지금 선수들이 뭘 원하고 뭘 해야 하는지 판단하잖아. 이처럼 숙제를 미뤄 두고 게임할 때 감독의 시선으로 나라는 선수를 바라보며 "지금 나는 게임을 하고 싶은 상태로군." 하고 체크하듯 말해봐. 자기 상태를 좀 더 객관적으로 바라볼 수 있고 게임하고 싶은 나를 어떻게 하면 숙제하는 나로 바꿀지 생각하게 될 거야.

한 걸음 더

나를 제대로 보는 능력, 메타 인지

메타 인지를 잘하면 자기 행동을 바꾸려고 노력하게 돼. 한 발짝 떨어져 자신을 바라보며 자기 상태를 점검하자.

- 언제까지 할 생각인가?
- 어느 정도에서 만족할까?
- 지금까지 게임하고 나서 어떻게 행동했는가?
- 진짜 게임을 하고 싶었던 건가?

지금 나는 어떤 상태인가…

● 행동력 키우기 활동 1 ●

나만의 시간 상자

어떤 일을 하는 데 시간이 얼마나 걸리는지 타이머로 재 봐. 걸리는 시간은 하나의 '블록', 내가 쓸 수 있는 시간은 '상자'라고 생각하는 거야. 블록들로 상자를 딱 맞게 채우려면 어떤 걸 고르고 어떤 순서로 넣어야 할까?

2시간(120분)의 상자

| 10 | **10분 동안 할 수 있는 일**
예) 숙제, 운동화 빨기, 준비물 챙기기 |

| 30 | **30분 동안 할 수 있는 일**
예) 목욕, 만화 영화 보기, 설거지 |

| 60 | **60분 동안 할 수 있는 일**
예) 게임, 책 읽기, 자습 |

도움말

시간을 대충 예측하지 말고, 실제로 얼마나 걸리는지 제대로 재 봐. 생각보다 금방 끝나는 일도 있고, 의외로 시간이 오래 걸리는 일도 있을 거야. 일이 익숙해지면 걸리는 시간도 바뀔 테니 가끔씩 시간을 다시 재 보자. 자신이 얼마나 성장했는지 실감할 수 있을 거야.

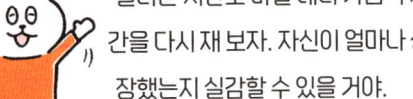

시간은 우리 눈에 보이지 않아서 통제하기 어려워. 하지만 시간 블록을 만들어 상자를 채우면, 눈에 보이는 형태로 바뀌지. 블록을 채운 상자를 본 뇌는 앞으로 뭘 할지 쉽게 예상하게 돼. 예상했던 행동을 하면 뇌는 피곤해하지 않을 거야.

2장

예측하고 기억하는 힘

혈관 훈련하기

아침에
바로 일어나기 힘들어

샤워를 마치고 나올 때
무릎 아래에 찬물과 더운물을
번갈아 세 번씩 뿌려 봐.

뇌가 깨어날 준비를 하도록 돕자

왜 아침이 되면 눈이 떠질까? 여러 요인이 있지만 그중 하나는 영양을 운반하는 피가 뇌로 모여들기 때문이야. 우리 몸은 깨어나기 3시간 전부터 피 모을 준비를 시작해. 그런데 사람의 머리는 심장보다 위에 있잖아. 중력을 거슬러 뇌까지 피를 끌어 올리려면, 혈관을 꽉 조여서 힘을 줘야 해. 그 힘이 약하면 피가 뇌까지 가지 못해 일어나기 힘들어지지.

혈관은 차가워지면 조여들고 따뜻해지면 느슨해져. 찬물과 더운물을 번갈아 뿌리는 습관을 들이면, 혈관이 "조여!"라는 명령에 바로 반응할 거야. 이 방법은 많은 사람 앞에 서거나, 오래 서 있어서 머리가 어지럽고 속이 울렁거리는 친구에게도 추천하고 싶어. 심지어 피로를 풀고 싶을 때도 효과가 있어.

뇌에 피를 모으는 호르몬, 코르티솔

아침에 상쾌하게 일어나는 데는 '코르티솔'이라는 호르몬이 큰 역할을 해. 코르티솔은 우리 몸의 기관과 조직에 영향을 미치는 필수 호르몬이야. 뇌에 피가 모이게 하고 우리 몸이 활발히 활동할 수 있도록 돕지. 이런 코르티솔이 언제 가장 많이 분비되는지 알아? 바로 아침 시간이야. 그런데 매일 규칙적으로 잠들거나 일어나지 않으면 코르티솔의 균형이 깨져서 개운하게 깰 수 없어. 평일이든 휴일이든 같은 시간에 자고 일어나는 습관을 들이자.

나만의 순서 찾기

나갈 준비를 자꾸 미루게 돼

우선 책가방부터!

행동하는 순서를 바꿔 봐.

나에게 맞는 순서를 찾아 가자

다들 이런 적 있지 않아? 아침에 일어나 밥 먹다가 학교 갈 시간이 다 되어서 급히 옷을 갈아입고 나가려는데 챙겨 갈 준비물을 찾느라 난리법석을 피우다가 지각한 적 말이야. 이럴 땐 행동하는 순서를 바꾸면 돼. '식사 → 옷 갈아입기 → 책가방 준비 → 준비물 점검'을 '책가방 준비 → 준비물 점검 → 옷 갈아입기 → 식사'로 바꾸는 거야.

뇌는 에너지를 절약하기 위해 전날과 같은 순서로 일하고 싶어 해. 너에게 맞는 순서를 찾아서 매일 그 순서대로 행동해 봐. 빠르게 행동하는 건 어렵더라도 순서를 바꾸는 건 어렵지 않아. 물건 놓는 데를 네가 쉽게 찾을 수 있는 장소로 바꾸거나 아침에 할 일을 전날 밤에 미리 해 두는 것도 좋은 방법이야.

한 걸음 더 — 행동 순서를 바꾸는 3단계

1. 행동 카드 만들기
시간별로 해야 할 행동을 하나씩 종이에 적어 행동 카드를 만들어 봐. 같은 시간대에 행동 카드가 너무 많으면 다른 시간대로 옮겨서 가짓수를 줄여도 돼.

2. 실험하기
가장 좋은 순서가 될 때까지 매일 카드를 다시 배열해 봐. 스스로 자신의 행동을 바꾸는 실험을 하는 거야.

3. 소리 내서 읽기
가장 좋은 순서를 찾았다면 뇌가 기억하게 하자. 새로운 순서를 소리 내어 읽는 거야.

나만의 순서를 만들자.

누가 시키기 전에는 뭘 해야 할지 모르겠어

다른 사람의 행동을 살피고
함께 하는 습관을 들여 봐.

'함께' 하면서 키우는 예측력

초등학교 4학년 이상이 되면 "시키기 전에 알아서 먼저 해 봐."라는 말을 자주 듣게 될 거야. 그 나이쯤 되면 앞일을 미리 짐작하는 '예측력'이 자라나거든. 예측력을 기르려면 사람들의 행동을 살피고 상대가 하는 일을 같이 해 봐. 예를 들어 빗자루를 들고 있는 친구에게 쓰레받기를 받쳐 주면, 친구는 자연스레 바닥을 쓸게 될 거야.

이처럼 다른 사람의 행동을 보고 비슷한 행동을 따라 하게 되는 건 '거울 뉴런'이라는 신경이 작용하기 때문이야. 다른 사람과 힘을 합쳐 일하면, 거울 뉴런이 단련되어서 누군가의 행동을 보기만 해도 왜 그런 행동을 했는지 깨닫고 다음에 무슨 일이 일어날지 예측할 수 있어. 그러면 다른 사람이 뭔가를 시키기 전에 내가 먼저 알아채고 행동할 수 있지.

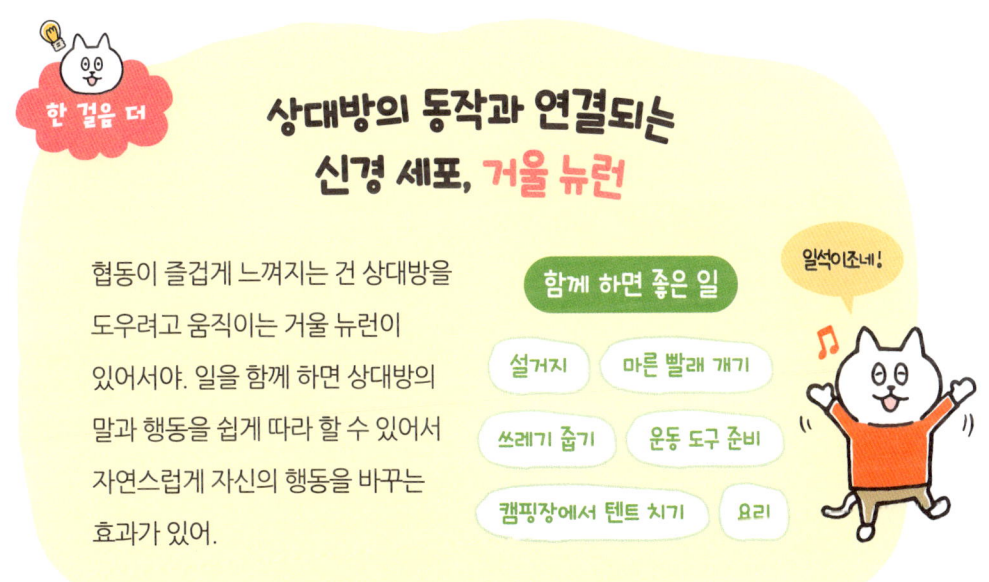

한 걸음 더

상대방의 동작과 연결되는 신경 세포, 거울 뉴런

협동이 즐겁게 느껴지는 건 상대방을 도우려고 움직이는 거울 뉴런이 있어서야. 일을 함께 하면 상대방의 말과 행동을 쉽게 따라 할 수 있어서 자연스럽게 자신의 행동을 바꾸는 효과가 있어.

함께 하면 좋은 일
- 설거지
- 마른 빨래 개기
- 쓰레기 줍기
- 운동 도구 준비
- 캠핑장에서 텐트 치기
- 요리

일석이조네!

기억의 검색어
하기 싫거나 잘 못하는 일은 미루게 돼

일을 끝내면 "즐거웠어!"라고
소리 내어 말해 봐.

뇌는 내가 한 말을 기억해

네가 '싫다.'라고 생각할 때 뇌는 과거의 싫었던 기억들을 검색해. 뇌는 과거에 "싫다.", "시시하다."라고 말한 일들을 나쁜 기억으로 저장해 두거든. 반대로 "좋다.", "즐겁다."라고 말하면 뇌는 즐거운 기억으로 보관해.

뇌의 기억은 네가 쓰는 말들로 만들어져. 즉 '말'은 '기억'의 검색어인 셈이야. 어떤 일을 하고 나면 "아, 즐거웠다."라고 소리 내서 말해 보자. 그러면 뇌는 지금까지 한 일에서 즐거웠던 부분을 떠올리고 그 기억을 다른 즐거웠던 기억과 연결할 거야. 말로 뇌의 기억을 만들고 바꿀 수 있는 좋은 방법이지!

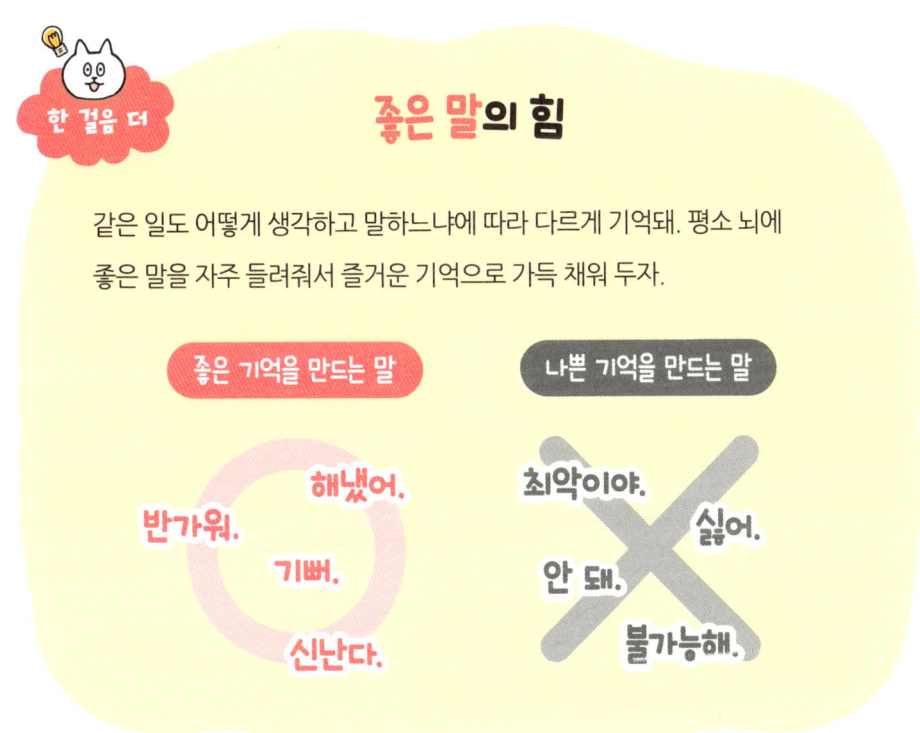

좋은 말의 힘

같은 일도 어떻게 생각하고 말하느냐에 따라 다르게 기억돼. 평소 뇌에 좋은 말을 자주 들려줘서 즐거운 기억으로 가득 채워 두자.

좋은 기억을 만드는 말
- 반가워.
- 해냈어.
- 기뻐.
- 신난다.

나쁜 기억을 만드는 말
- 최악이야.
- 싫어.
- 안 돼.
- 불가능해.

기억의 의자

방학 숙제는 개학 전날까지 미루게 돼

벌써 읽는 거야?

백만 번 산 고양이가….

미리 하는 습관을 들여 봐.

미룰수록 뇌는 피곤해져

방학 숙제는 미루면 미룰수록 점점 더 하기 싫지? 그만큼 뇌가 기억해야 할 것들이 늘어나기 때문이야. 게임을 여러 개 내려받아 놓으면 게임기나 컴퓨터가 느리게 작동하듯이, 할 일을 미루고 쌓아 두면 정작 중요한 일에 뇌를 쓸 수 없게 돼.

방학 숙제에 대한 뇌의 부담을 줄이는 최고의 방법은 방학이 시작되자마자 숙제부터 해 버리는 거야. 해야 할 것들이 하나씩 줄어들수록 뇌의 부담도 줄어들 거야. 이렇게 가끔은 내일 할 일이나 휴일에 해야 할 일들을 미리 끝내 봐. 뇌의 공간을 비워 두면 여유가 생길 거야.

먼저 해서 기억의 의자를 비우자

뇌에 한꺼번에 저장할 수 있는 기억은 제한되어 있어. 몇 개밖에 없는 의자 뺏기 게임 같은 거지. 할 일을 바로 하지 않고 나중으로 미루면 기억의 의자 한 자리를 잃게 돼. 중요한 일을 기억할 의자가 부족해지는 거야.

의욕 유지하기

준비한 일을 끝내자마자
의욕이 사라져 버려

실전을 예행연습이라고 생각해 봐.

연습이라고 생각하면 의욕이 생겨

열심히 준비한 발표를 끝내고 나면 더는 아무것도 하기 싫어지지? 자연스러운 일이야. 눈앞의 일을 최종 목표로 삼으면 우리 뇌의 '선조체'라는 부분이 작동해서 순간 의욕이 생기지만 목표를 이루고 나서는 금방 의욕이 사라지거든. 이럴 땐 '이건 다음을 위한 예행연습이다.'라고 생각해 봐. 우리 뇌의 앞쪽에는 전두엽이란 곳이 있는데, 그중에서도 '배외측 전전두피질'은 주의력과 집중력에 중요한 역할을 하는 부분이야. 실전도 연습이라고 생각하면, 이 부위가 작동해서 일을 끝내고도 의욕을 꾸준히 유지할 수 있어.

문제집을 풀다가 어려운 문제를 맞닥뜨릴 땐 친구에게 가르쳐 주기 위한 연습이라고 생각해 봐. 점점 더 열심히 공부하고 싶어질 거야.

한 걸음 더 — 다음 목표를 찾아보자

당장 눈앞에 닥친 일만 바라보면 그 일이 끝났을 때 마음이 풀어져서 더 나아가기 어려워져. 항상 다음 목표를 찾는 습관을 들이자. 물론 너무 먼 미래의 목표만 신경 쓰다가 눈앞의 목표에 집중하지 못하면 안 된다는 것도 기억해.

집중력의 한계

다음 할 일로 넘어가기가 어려워

10분씩 할 일을 나눠서 해 봐.

뇌가 피곤해지기 전에 멈추자

할 일을 하는데 누군가 "빨리 해!"라고 재촉하거나 "그만해!"라는 말을 하면, 하고 싶은 마음이 싹 사라지지 않아? 다른 사람이 네 행동을 차단했기 때문이야. 우리 뇌는 예정하지 않았던 행동을 지시받으면 엄청난 피로를 느껴. 반대로 네 스스로 행동을 마무리하면 다음 행동으로 넘어가기 쉬워져.

뇌가 최대로 집중할 수 있는 시간이 몇 분일까? 10~20분 정도야. 정말 짧지? 타이머를 10분에 맞춰 놓고, 하고 싶은 일을 10분마다 번갈아 해 보자. 10분이 너무 짧거나 새로운 일을 시작하는 데 시간이 오래 걸린다면, 타이머를 좀 더 늘려 가면서 행동을 바꿔 나가도 좋아.

나의 뇌는 내가 감독한다

뇌는 스스로 행동을 바꾸느냐, 다른 사람 지시로 행동을 바꾸느냐에 따라 느끼는 피로감이 전혀 달라. 자기 뇌는 자기가 감독하자! 놀 때도 이 방법을 써 봐. 더 오래 즐길 수 있을 거야.

뇌의 아침과 밤

밤에 일찍 잠들기 힘들어

불을 끄고 목욕해 봐.

뇌에 밤이 왔다고 알리자

늦은 밤이면 우리 몸속에 '멜라토닌'이라는 호르몬이 필요해져. 이 호르몬이 있어야 제대로 잠을 잘 수 있거든. 멜라토닌은 어두워지면 활발히 분비되는데, 밤이 되어도 불빛이 환한 곳에 있으면 90퍼센트나 줄어들어. 자기 전 목욕할 때 욕실 불을 끄고 약한 조명만 켜 두자. 어두운 곳에서 몸을 물에 담그면 마음이 점차 안정될 거야. 뇌가 졸리다는 신호지. 목욕하고 나면 방의 불도 어둡게 해서 눈에 강한 불빛이 들어오지 않게 하자. 휴대폰 불빛도 보지 않는 게 좋겠지?

또 멜라토닌은 아침에 줄이면 밤에 늘어나기 쉬우니 일어나면 커튼을 열고 햇볕을 듬뿍 받아 보자. 뇌에게 환한 아침과 깜깜한 밤을 선물하면, 푹 자고 상쾌하게 일어날 수 있을 거야.

한 걸음 더 — 푹 자기 위한 여러 가지 방법

1. 귀 윗부분의 머리 식히기
뇌 온도가 낮아지면 잠이 잘 와.

2. 침대에서는 잠만 자기
뇌가 침대를 '잠자는 장소'로 기억하게 하자.

3. 눈에 스팀 타월 얹기
눈 주위가 따뜻해지면 심장 박동이 느려지고 안정되어 잠들기 쉬워져.

4. 불안한 기분에 이름 붙이기
왜 잠들지 못하는지 생각하고 써 봐. 내 상태를 말로 풀이 보면 신성이 안정될 거야.

나만의 취침 노트

수면 시간을 기록하면 수면 습관을 쉽게 관리할 수 있어. 일주일간 수면 시간을 기록해 보자. 잠자리에 누워 있던 시간은 화살표를 긋고, 잠들어 있던 시간은 색칠해 봐.

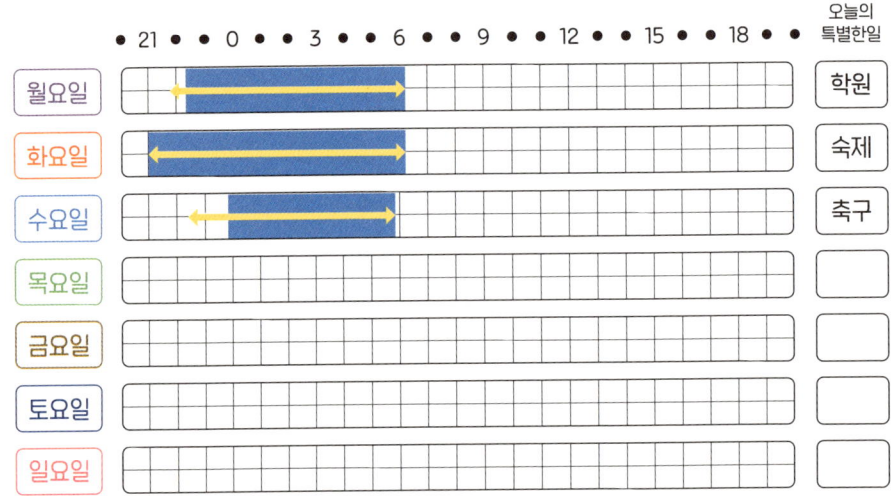

도움말

잠든 시간을 정확히 재기보다는 네 감각으로 써 봐. 스스로 '잠든 상태'를 느끼는 것만으로도 수면의 질은 좋아져. 특별한 일이 있는 날은 메모해 두면 어떤 활동이 수면에 영향을 끼쳤는지 알기 쉬워.

뇌는 깨어난 뒤 14시간이 지나면 잠이 오도록 설정되어 있어. 그런데 평일은 오전 6시에 일어나다가 쉬는 날에 오전 9시 반까지 자면, 보통은 오후 8시에 잠이 오는데 주말에는 밤 11시 반이 될 때까지 졸리지 않게 되어 버리는 거야. 결국 잠들지 못하거나 잠이 부족해지겠지. 그래서 매일 규칙적으로 잠들고 일어나는 게 중요해.

3장
정보를 저장하고 행동하는 힘

숙제를 자꾸만 미루게 돼

다녀왔습니다!

일단 한 문제만!

집에 오자마자 숙제를 꺼내 봐.

다음 행동을 미리 연습하자

너에게 '집에 왔다.'라는 건 어떤 행동을 의미해? 현관에 들어선 일? 책상에 가방을 내려놓는 일? 우리 뇌는 한 가지 행동을 끝내는 건 쉽게 해내지만 다음 행동을 시작하기는 힘들어해. 집에 돌아와서 바로 씻거나 숙제하기 귀찮아지는 건 이런 뇌의 습성 때문이야. 이럴 땐 매일 하는 행동의 범위를 조금 다르게 정하면 돼. 집에 도착해서 책가방을 내려놓고 책상에 앉아 숙제를 시작할 때까지를 '집에 왔다.'라고 정하는 거야. 일단 한 문제라도 풀며 다음 행동을 시작해 놓는 거지. 뇌는 이어서 하는 일에 능숙해서, 한 문제를 풀어 두면 놀고 난 뒤에도 다시 숙제를 하기가 한결 쉬워져. 방학 숙제도 마찬가지니까 숙제를 받은 날 한 문제만 먼저 풀어 봐. 그대로 끝까지 해 버리게 될지도 몰라.

 한 걸음 더

숙제를 미루지 않는 법

1. 일단 숙제를 건드린다.
숙제를 만지면 보게 되고, 보면 머릿속에서 문제를 풀기 시작할 거야.

2. 방에 들어가기 전에 한다.
방으로 가기 전까지 다른 물건들이 눈에 띄면 숙제를 미루기 쉬워. 현관에 들어서자마자 숙제를 시작해 보자.

3. 쉽게 풀 수 있는 문제부터 푼다.
뇌는 알면 의욕이 생기니까 우선 쉬운 문제부터 풀어서 쉽게 해낼 수 있을 거란 자신감을 갖게 하자.

숙제, 꼼짝 마!

기억력 키우기

배운 것을 금방 잊어버려

배우자마자 복습해 봐.

아기 신경이 살아남게 하자

새로운 것을 배울 때마다 우리 뇌 속에는 아기 신경이 태어나. 그런데 아기 신경은 아직 가늘고 약해서 사용하지 않으면 필요 없는 신경으로 처리되어 사라져 버려. 쓰지 않는 신경은 뇌 속의 전기 신호를 낭비할 뿐이니까.

아기 신경을 살아남게 하려면 그날 안에 배운 정보를 꼭 복습해야 해. 그래야만 뇌가 필요한 신경이라고 판단하거든. 다음 날 또다시 복습하면 아기 신경은 더욱 성장할 거야. 아기 신경이 자라 굵고 튼튼해져 항상 사용되면 그게 '기억'이 되는 거야.

참, 뇌는 잠자는 동안 새로 기억한 것을 연습해. 푹 잘수록 더 잘 기억할 수 있겠지?

뇌가 더 잘 기억하게 하는 법

1 그림을 그린다.

내가 이해하고 기억한 내용을 그림으로 그려 봐. 그 과정에서 기억이 흐릿하거나 이해하기 어려운 부분을 되짚다 보면, 기억이 점차 선명해질 거야. 공부한 내용을 친구에게 알려 줘도 같은 효과를 얻을 수 있어.

2 걸으면서 외운다.

걷다 보면 받아들인 정보가 정리되어 뇌가 정보를 훨씬 잘 소화할 거야.

3 손짓발짓으로 가르치는 시늉을 낸다.

소리를 내고 몸을 움직이면서 배운 내용을 복습해 봐. 여러 감각이 섞이면 기억이 자리 잡기 쉬워지거든. 이를 '다중 감각 입력'이라고 해.

도파민 가라앉히기
게임을 멈출 수 없어

혼자서 하기보다 다른 사람과
이야기하면서 게임해 봐.

혼자 하지 말고 같이 하자

게임은 혼자 몰두할수록 그만두기가 더 어려워. 뇌가 즐거운 자극을 받기만 하고 그 즐거움을 주변과 나누지 못할 때 뇌 속에 '도파민'이라는 물질이 많이 쌓이거든. 도파민은 즐거움을 느끼게 하는 호르몬으로, 지나치게 분비되면 중독에 빠져들기 쉬워. 특히 정해진 순서 없이 여기저기에서 좋은 아이템을 얻을 수 있는 게임을 할 때 뇌에서는 도파민이 계속 나온다고 해. 게임을 멈출 수가 없게 되는 거지.

게임 화면을 TV에 연결해서 다른 사람과 함께 보고 이야기하면서 게임을 해 보자. 누군가와 즐겁게 대화하다 보면 도파민이 진정되고 게임을 쉽게 멈출 수 있을 거야. 도파민에 점령된 뇌를 구출해 봐!

한 걸음 더 — 도파민이 하는 일

도파민은 무조건 나쁜 게 아니야. 목표에 집중하게 해서 잘 기억할 수 있게 하고, 새로운 자극을 원하게 해서 의욕을 북돋워 줘. 또 도파민은 어떤 일을 잘 해내거나 성취감을 느꼈을 때 그 일을 더 잘하고 싶어지게 만들어 주지.

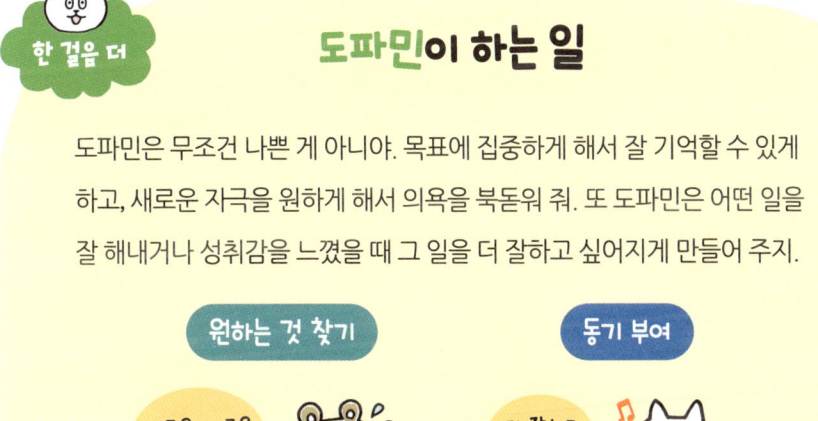

방 정리가 귀찮아

벗은 신발부터 가지런히 정리해 봐.

행동 덩어리를 만들자

뇌는 네가 한 행동을 다음에도 잘할 수 있도록 하나의 덩어리로 보관해 두고 있어. 책을 읽고 난 뒤의 방 안 풍경을 떠올려 봐. 책상이나 방바닥에 책이 널브러져 있니? 그러면 뇌는 '책은 책상이나 방바닥에 내버려둔다.'라고 학습하게 돼. 나중에 또 책을 읽고 나면 정리하기가 더 귀찮아지는 거지.

사소하고 간단해 보이는 일부터 '~하면 ~한다.'라고 행동의 덩어리를 만들자. 신발을 벗으면 가지런히 정리한다. 책가방을 열면 닫는다. 컵을 사용하면 개수대에 가져다 놓는다. 양말을 벗으면 세탁기에 넣는다. 이렇게 같이 하기로 정한 행동을 반복하면 뇌 속에서 이 행동들이 하나의 덩어리로 저장될 거야.

한 걸음 더

정보를 저장하는 힘, 작업 기억력

무언가를 하는 도중에 다른 것들이 눈과 귀에 들어올 때가 있어. 하지만 하던 일을 마무리하려면 원래 하던 일과 관련된 생각을 놓치지 말아야 하지. 이렇게 한 가지 작업에 필요한 정보를 기억해 두는 힘을 '작업 기억력(워킹 메모리)'이라고 해. 이 힘을 기르면 할 일이 많아도 중요한 걸 놓치지 않을 수 있어. 또 뇌 속에서 다른 정보나 기억과 연결해 더 좋은 생각으로 발전시켜 나갈 수도 있지.

머릿속에 잘 저장해 둬야지!

정보 소화하기

숙제하다가 멍해질 때가 많아

잠시 멈추고 바깥 풍경을 바라봐.

눈의 움직임으로 뇌의 모드를 바꾼다

우리 뇌는 눈을 어떻게 사용하느냐에 따라 집중도가 달라져. 자, 검지를 세우고 그 끝을 가만히 들여다보자. 이때 눈의 움직임을 '중심시'라고 해. 이번에는 손가락 끝의 주변을 봐. 손끝이 흐릿해 보일 거야. 이때 눈의 움직임을 '주변시'라고 해. 뇌는 중심시일 때는 집중해서 정보를 받아들이고, 주변시가 되면 얻은 정보를 정리해. 예를 들어 뇌를 위라고 생각해 봐. 중심시는 식사, 주변시는 소화라고 할 수 있어. 교과서나 노트를 계속 보고 있으면 중심시가 지나치게 쓰여 과식 상태가 돼. 이때 뇌가 과식한 정보를 소화하려고 주변시로 바뀌면서 멍해지는 거야.

그러니 한참 집중했다면 1분 정도는 멍하니 밖을 내다보며 소화하는 시간을 보내자. 충분히 소화하고 나면 더 좋은 생각이 번뜩일 거야!

실패할까 봐
시도하지 못하겠어

스스로 결정할 때 | **시키는 대로 할 때**

"이 길은 여기로 이어지는구나!"

"어느 쪽이었지?"

"왼쪽으로 가서 오른쪽이야."

스스로 결정하고 행동해 봐.

남이 시키는 대로 하는 행동은 NG

어떤 일을 할 때 '실패하고 싶지 않다.'라고 생각하면 긴장해서 몸이 굳어 버려. 하지만 그건 대부분 남이 시키는 대로 행동할 때였을 거야. 남이 시키는 대로 하는 행동과 스스로 결정해서 하는 행동은 그 의미가 전혀 달라.

두 경우 모두 뇌의 '전두엽'이 작동하는데, 남이 시키는 대로 했다가 실패하면 전두엽 기능이 정지돼. 그런데 내가 결정했다가 실패하면 '그렇구나. 이러면 이렇게 되는구나.'라고 생각할 뿐 실패로 받아들이지 않아. 남이 시키는 일이라도 '내가 하고 싶어서 한다.'라고 생각하며 도전해 보자. 실패가 더는 두렵지 않을 거야.

작은 행동부터 바꿔 나가는 법

우리가 하는 행동을 모두 과학 실험이라고 생각해 보자. 실험은 어떤 결과가 나오는지를 아는 게 목적이지, 성공과 실패가 따로 없어. 또 일상 속에서 사소한 부분부터 평소와 다르게 행동해 보자. 그러다 보면 어느새 어떤 행동이든 스스로 결정해서 하게 될 거야.

사소한 행동 실험

- 평소와 다르게 반대쪽부터 양치질한다.
- 평소엔 좋아하는 것을 나중에 먹지만 처음에 먹어 본다.
- 평소와 다른 자리에서 잔다.

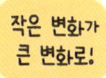
작은 변화가 큰 변화로!

뇌에 보내는 명령

미룬 일은
계속 미루게 돼

"○○을 하겠다."라고
소리 내어 말해 봐.

금방 할 수 있는 마법의 말

놀다가 '아, 숙제해야 하는데…….' 하고 미루던 일이 떠오르면 어때? 숙제하고 싶은 의욕이 생기지 않지? 이때 "숙제해야 하는데……."라고 하는 대신 "숙제하겠다."라고 딱 잘라 말해 봐. '해야 하는데…….'라는 모호한 명령으로는 뇌가 움직이지 않지만, '하겠다!'라고 단호한 명령을 내리면 뇌가 예전에 숙제했을 때의 행동을 검색하면서 움직여. 구체적으로 명령하는 것도 중요해. "지금부터 5분 동안 공부할 거야.", "수학 문제집을 1쪽 풀 거야."라고 말하는 거지. "방을 깔끔하게 만들 거야."보다 "책을 책장에 넣을 거야."라고 구체적으로 말해야 뇌가 더 잘 움직이겠지?

누워 있으면
모든 게 귀찮아

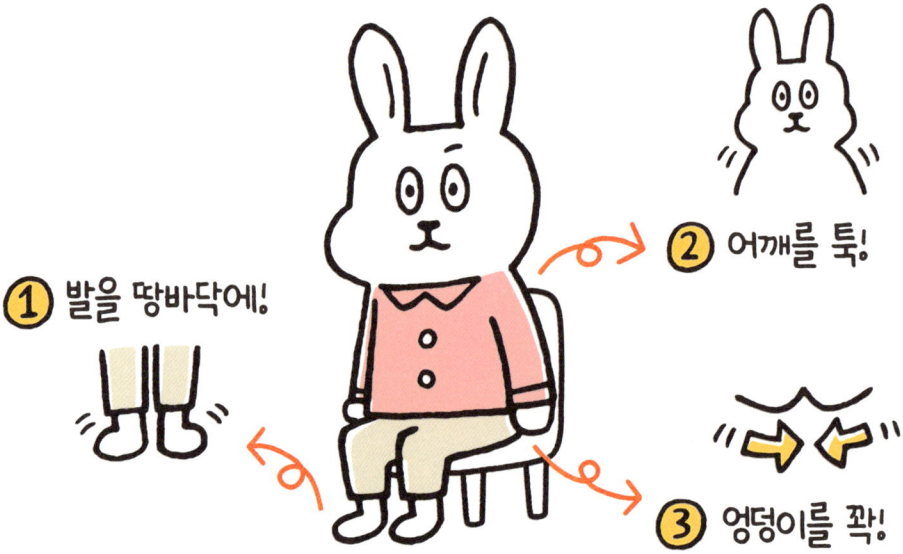

의자에 앉아 자세를 바로잡고
엉덩이를 꽉 조여 봐.

근육을 써서 뇌의 에너지를 끌어 올린다

등이나 엉덩이 근육을 쓰면 뇌가 활성화돼. 뇌에 필요한 산소와 영양 물질이 활발히 공급되기 때문이야. 다음 동작을 세 번 반복해 보자.

① 의자에 앉아 두 발을 땅바닥에 붙인다.
② 양쪽 어깨를 귀에 붙이듯이 끌어 올린다.
③ 그대로 어깨를 등 쪽으로 쭉 밀어내고 나서 힘을 툭 뺀다.
④ 어깨를 그대로 둔 채 엉덩이를 꽉 조인다.
⑤ 엉덩이 방향으로 어깨를 끌어 내리고 5초를 센다.

한 걸음 더 — 체온을 올려 활동적인 뇌를 만드는 법

- 하고 싶은 일을 하기 전에 가볍게 운동한다.
- 목욕을 한다.
- 따뜻한 음료나 음식을 먹는다.

몸을 따뜻하게 해야 하는구나!

동물의 신경은 온도가 높으면 활동량이 늘어나고 온도가 낮으면 줄어들어. 따라서 체온을 올리면 뇌의 움직임이 활발해지는 거지. 푹 쉬고 있을 때나 곤히 잠들어 있을 때처럼 뇌의 활동성이 떨어질 때 체온도 살짝 떨어져.

행동력 키우기 활동 3

'오늘 할 일' 빙고 게임

오늘 할 일을 9개로 나뉜 칸에 적어 보자. 일을 끝낼 때마다 하나씩 지워 나가는 거야. 가로, 세로, 대각선 중 어느 쪽이든 3개가 지워지면 빙고 완성!

만화책을 책장에 넣는다.		내일 준비물을 책가방에 넣는다.
	Bingo	내가 사용한 그릇을 씻는다.
	수학 숙제를 한다.	

뇌는 '조금만 더 하면 될 것 같아.'라는 생각이 들어야 움직여. 처음 빙고를 만들 때는 간단한 일 위주로 넣어서 어렵지 않게 빙고를 완성할 수 있도록 하자. 사소하게라도 성공에 가까운 느낌이 들어야 계속하고 싶은 의욕이 생기거든.

도움말

빙고를 하나도 완성하지 못했다면, 칸에 넣은 과제가 너무 어렵다는 뜻이야. 그럴 때는 과제를 작게 나눠 보자. 예를 들어 '정리, 숙제, 도와주기'라고 쓰기보다 '만화책을 책장에 넣는다. 수학 숙제를 한다. 내가 사용한 그릇을 씻는다.'와 같이 과제를 구체적으로 설정하는 거야.

4장

행동력을 더 강하게 만드는 법

아침 일찍 할 일을 한다

뇌 시간표를 잘 이용해 봐.

오전 시간에 할 일을 하자

뇌에도 시간표가 있다는 거 알아? 인간의 세포에는 시간을 새기는 유전자가 있어서 몇 시에 어떤 능력을 발휘할 수 있을지가 정해져 있어. 아침에 일어나서 4시간 동안은 머리가 맑아지고, 정오부터 오후 2시까지는 나른해져. 저녁에는 몸 상태가 좋아져서 움직임이 빨라지고, 밤이 되면 생각이 단순해지고 졸음이 와.

해야 할 일이 있다면 가능한 한 머리가 맑아지는 시간에 해 봐. 즉 아침에 일어나자마자 그날 할 일을 시작해 보는 거야. 하루를 여는 오전 시간을 잘 활용하자.

뇌가 자신 있는 시간대, 뇌 시간표

머리가 잘 돌아가는 시간은 오전, 몸이 잘 움직이는 시간은 저녁이란 사실을 기억하자. 그리고 잠을 충분히 자야 우리 뇌가 시간표대로 힘을 발휘한다는 것도 잊지 마!

아침	순조롭다.	머리가 맑아져서 지적 작업(판단, 집중, 창조, 기억)이 잘된다.
낮	의욕이 없다.	나른해져서 지적 작업이 잘 안된다.
저녁	순조롭다.	몸의 움직임이 좋아지고 빨라진다.
밤	의욕이 없다.	판단력이 둔해지고 새로운 생각을 하기 어렵다.

주 4일을 지킨다

바로바로　승리　뭉그적뭉그적

**매일이 아니어도 좋아.
주 4일 이상을 목표로 삼아 봐.**

뇌는 다수결로 행동을 선택해

뇌 기능을 지탱하는 생체 리듬은 다수결로 행동을 결정해. 예를 들어 일주일 중 3일 동안 열심히 운동해도 남은 4일 동안 쉬면, 우리 뇌는 운동하지 않는 몸이 되려고 해. 그러니까 하고 싶은 일은 적어도 주 4일 동안은 반드시 하자. 일주일에 4일 이상 행동한 날이 많을수록 뇌는 그 행동을 선택하게 되어 있어.

만약 주 4일을 지키지 못했다면 기준을 2주로 늘리면 돼. 2주 동안 8일 이상 하면 되니까. 잘 안 되는 날이 있더라도 반 이상만 하면 되니 도전하기 쉽겠지?

뇌가 지루함을 느끼지 않게 하는 법

우리 뇌는 어떤 자극이라도 시간이 지나면 익숙해져서 새로운 자극을 원하게 돼. 4일에 한 번 정도는 새로운 경험을 더해 보자. 예를 들어 달리기를 한다면 달리는 장소를 바꿔 보는 거야.

자기 뇌를 연구한다

뇌가 좋아하는 힌트를 찾아봐.

힌트는 세 가지 중에서 고를 수 있어

행동을 바꾸려면 뇌에 힌트를 주고 뇌가 행동으로 대답하게 해야 해. 뇌에 주는 힌트는 보는 것(시각), 듣는 것(청각과 말), 만지는 것과 움직이는 것(촉각과 근육의 감각)으로 나눌 수 있어.

숙제할 때를 예로 들어 보자. 일단 뇌에 시각적 힌트를 주려면, 책상 위에 숙제와 관련된 물건 말고는 아무것도 두지 않아야 해. "숙제를 하겠다."라고 소리 내어 말하면 청각적 힌트, 숙제해야 하는 책을 손으로 잡거나 책상 의자에 앉으면 감각적 힌트가 되겠지. 어떤 힌트가 효과적인지는 저마다 다르니까 자기 뇌가 알아채기 쉬운 힌트를 찾아보자. 보이는 부분을 바꾸거나 말을 바꾸거나 동작을 바꿔서 실험하며 자기 뇌를 연구해 보는 거야!

한 걸음 더 — 나의 뇌가 알아차리기 쉬운 힌트는?

사람마다 알아채기 쉬운 힌트와 어려운 힌트가 있어. 자기만의 쉬운 힌트를 찾아서 이용해 보자.

	시각	청각	감각
운동할 때	운동 동영상을 본다.	운동 방법을 듣는다.	운동을 잘하는 사람을 따라 한다.
연극 대사를 외울 때	대본을 되풀이해서 읽는다.	대사를 큰 소리로 읽거나 다른 사람이 읽는 걸 듣는다.	손짓발짓을 하면서 대사를 외운다.
악기 연주를 할 때	악보를 본다.	악기 소리를 듣는다.	악기를 직접 연주한다

바로 하는 장소를 만든다

목적에 따라 장소를 구분해 봐.

잘못된 기억을 수정하자

뇌는 행동과 장소를 세트로 기억해. 뇌 속 '해마'라는 기관이 그때의 몸과 자세를 기억해 놓지. 예를 들어 공부하던 책상에서 게임하면, 나중에 다시 책상에 앉았을 때 게임하고 싶은 마음이 드는 거야. 뇌가 행동과 장소를 잘못 묶어 기억했기 때문이지.

'여기에서는 이 행동만 한다.'라고 정해 놓으면, 그 장소에서 하기로 정해 둔 행동을 바로 하기 쉬워. 책상에서 숙제하다가 만화책을 읽고 싶어지면 만화책 읽는 장소로 이동하는 거지. 특히 침대 위에서는 오로지 잠만 자는 게 좋아. 스마트폰 보기나 게임, 독서는 침대 밖에서 하자.

 한 걸음 더

기억에 관련된 뇌 기관, 해마

'해마'는 학습과 기억에 중요한 역할을 하는 부분으로, 짧은 기간 동안만 기억을 저장해 둘 수 있어. 그래서 우리가 자는 동안 오랫동안 저장할 수 있는 곳으로 기억을 옮겨 두지. 새롭게 정한 행동과 장소 세트를 잘 기억하고 싶다면 잠을 푹 자야 하겠지? 해마에 저장된 기억을 잘 옮겨 놓아야 또다시 새로운 기억을 저장할 수 있어.

기억을 옮기는 중. 쿨쿨

나의 행동력을 시각화한다

뇌가 하는 일을 시각화해 봐.

지금의 나를 이해할 수 있게 될 거야

눈에 보이지 않는 뇌가 제대로 일하고 있는지 궁금해? 그렇다면 눈에 보이게 만들면 돼. 지금 내가 얼마나 미루지 않고 바로 행동하고 있는지 그 정도를 그림으로 표시해 보자. 나의 '행동력 게이지'를 확인해 보는 거야!

'아주 게으름'과 '행동력 최고' 사이에서 나는 지금 어디쯤인지 표시하면, 자기 행동을 되돌아볼 수 있어. '아침 기상'이나 '숙제' 등 행동별로 구분해서 표시해도 좋아. 표시한 내용을 살펴보면 내가 오늘 어떻게 행동했는지 기억을 더듬어 볼 수 있어. 오늘 자신의 기분이나 감정을 이해하는 데도 도움이 되지. 내 행동력을 '최고' 가까이 올리려면 어떻게 해야 할지 생각해 봐.

 **평가하기보다 네 감각으로 살펴봐**

행동력을 점검한다고 해서 구체적인 숫자로 표시하거나 성공 또는 실패 등의 평가를 내리는 건 좋지 않아. 지금 상태를 대략적으로 살펴보더라도 뇌는 선입견 없이 그대로 받아들이거든.

바로 하는 행동 지도

어때? 이제 미루지 않고 바로 행동하는 사람이 될 수 있을 것 같아? 그렇다면 게으름에서 벗어난 너는 앞으로 어떤 일을 하고 싶어? 너만의 '행동 지도(액티비티 맵)'를 만들어 봐.

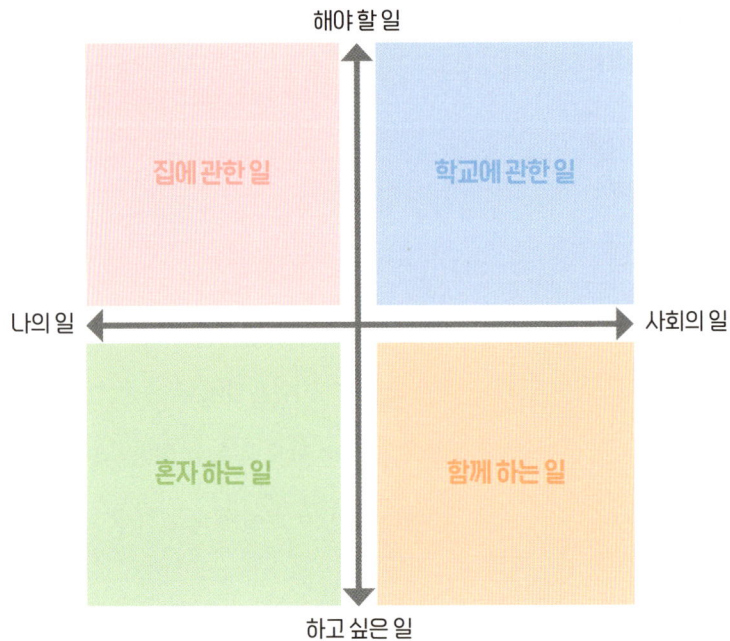

도움말

세로축은 위로 갈수록 반드시 해야 할 중요한 일, 아래로 내려갈수록 자기가 좋아하는 일이야. 가로축은 오른쪽으로 갈수록 주변 사람들과 함께 하는 일, 왼쪽으로 갈수록 혼자 하는 일이야. 이 기준에 따라 칸 안에 행동들을 적어 보자.

우선 '할 일'을 모두 적어 보자.
예) 숙제, 축구, 게임, 친구와 놀기

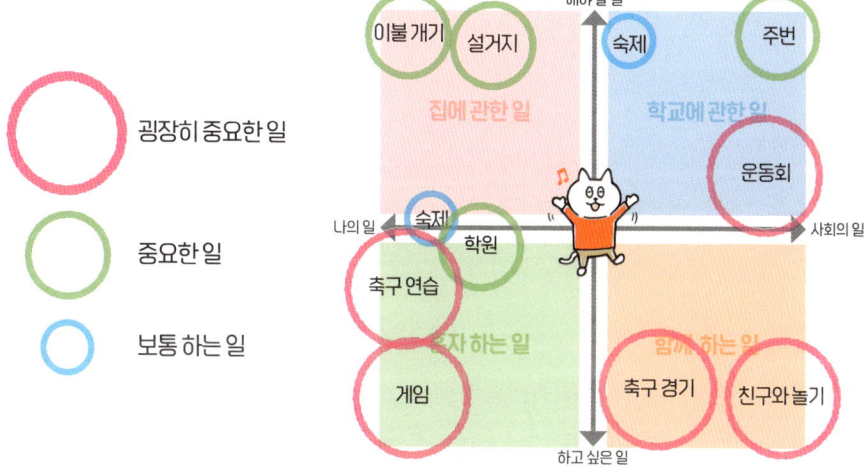

너의 행동 지도는 어때? 실제로 만들어 보면 네가 어떤 일을 중요하게 여기고 있는지를 잘 알 수 있을 거야. 작은 동그라미를 그린 일을 바로 할 수 있다면, 큰 동그라미를 그린 일도 더 즐길 수 있게 돼. 이 지도는 네가 성장할 때마다 점점 달라질 거야. '뭔가 잘 안 풀리네……'라는 생각이 들 때면 행동 지도를 그려 봐. 그 지도가 앞으로 어디를 향해 가야 할지 알려 줄 거야.

끝내는 말

어때? 이제 게으름 탈출 위원회의 어엿한 회원이 될 자신이 생겼니?

마지막으로 너와 너의 뇌가 더 튼튼하게 성장하는 비법을 소개할게. 누구나 좀처럼 하기 어려워하는 일이 있지? 하지만 뇌를 잘만 사용하면, 어려운 일도 얼마든지 재미있게 풀어 갈 수 있어.

예를 들어 수학을 잘 못한다면, 숫자를 눈금으로 대신하거나 곱셈을 사각형의 면적으로 바꿔서 생각해 봐. 영어를 싫어한다면 영어 문장을 노래처럼 소리와 리듬으로 바꿔 보는 거야. 못하는 것도 잘하거나 좋아하는 것과 짝을 지어 주면 다르게 느껴지거든. 이때 뇌 안에서는 잘하는 일을 하는 신경과 못하는 일을 하는 신경이 서로 손을 잡게 돼. 이 두 신경이 서로 연결되면 뇌는 "알았어!"라고 대답해. 더 이상 못하는 일이 아니라는 거지.

두 신경을 잘 연결하려면 다양한 경험을 해 봐야 해. 여러 일을 겪어 봐야 내가 무엇을 못하고 잘하는지를 알게 되고, 그럴수록 연결될 가능성도 더 커지니까. 연결된 신경은 한 팀이 되어서 그 행동을 바로바로 해낼 수 있어. 쓰면 쓸수록 연결 고리가 굵어지고 강한 팀이 되지.

　너의 뇌 안에 강한 팀이 늘어나면 앞으로 무슨 일이든 이겨 낼 수 있을 거야.

　자, 오늘부터 자신의 뇌를 자기 편으로 만들어서 '되고 싶은 나'를 향해 나아가자!

바로 행동하는
너를 응원해!

오늘부터
해 보는 거야!

부록

행동력 키우기
활동지

행동력 키우기 활동지 1

나만의 시간 상자

1 앞으로 해야 할 일에 걸리는 시간을 타이머로 잰다.

2 앞으로 해야 할 일을 시간 블록으로 나눈다.

| 10 | **10분 동안 할 수 있는 일**
예) 숙제, 운동화 빨기, 준비물 챙기기

| 30 | **30분 동안 할 수 있는 일**
예) 목욕, 만화 영화 보기, 설거지

| 60 | **60분 동안 할 수 있는 일**
예) 게임, 책 읽기, 자습

3 시간 블록을 상자에 채운다.

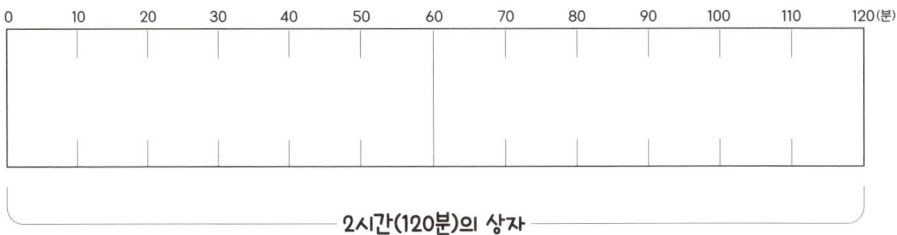

2시간(120분)의 상자

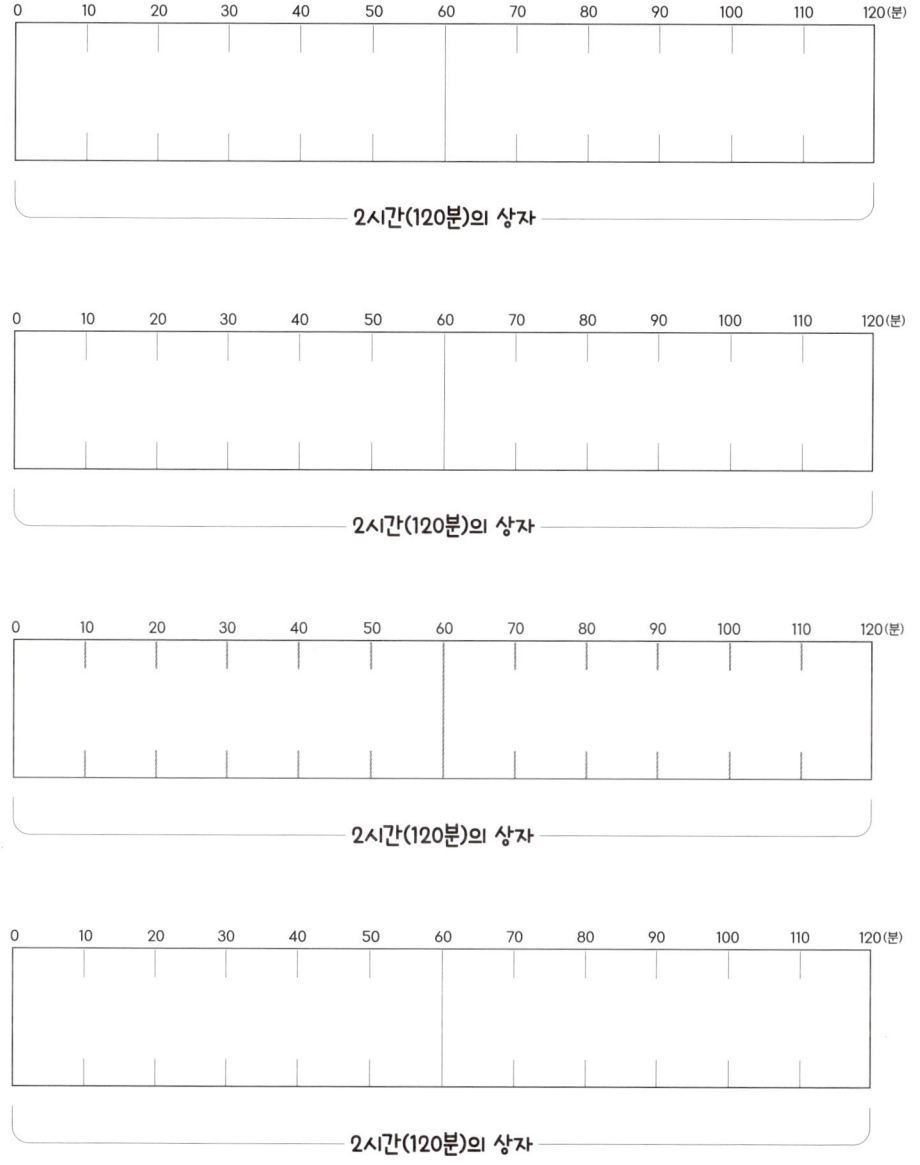

행동력 키우기 활동지 2

나만의 취침 노트

1. 요일별로 잠들어 있던 시간을 색칠한다.
2. 잠자리에 누워 있던 시간만큼 화살표를 긋는다.
3. 특별한 활동을 한 날은 오른쪽 빈칸에 메모한다.

● 21 ● ● 0 ● ● 3 ● ● 6 ● ● 9 ● ● 12 ● ● 15 ● ● 18 ● ● (시)

월요일		
화요일		
수요일		
목요일		
금요일		
토요일		
일요일		

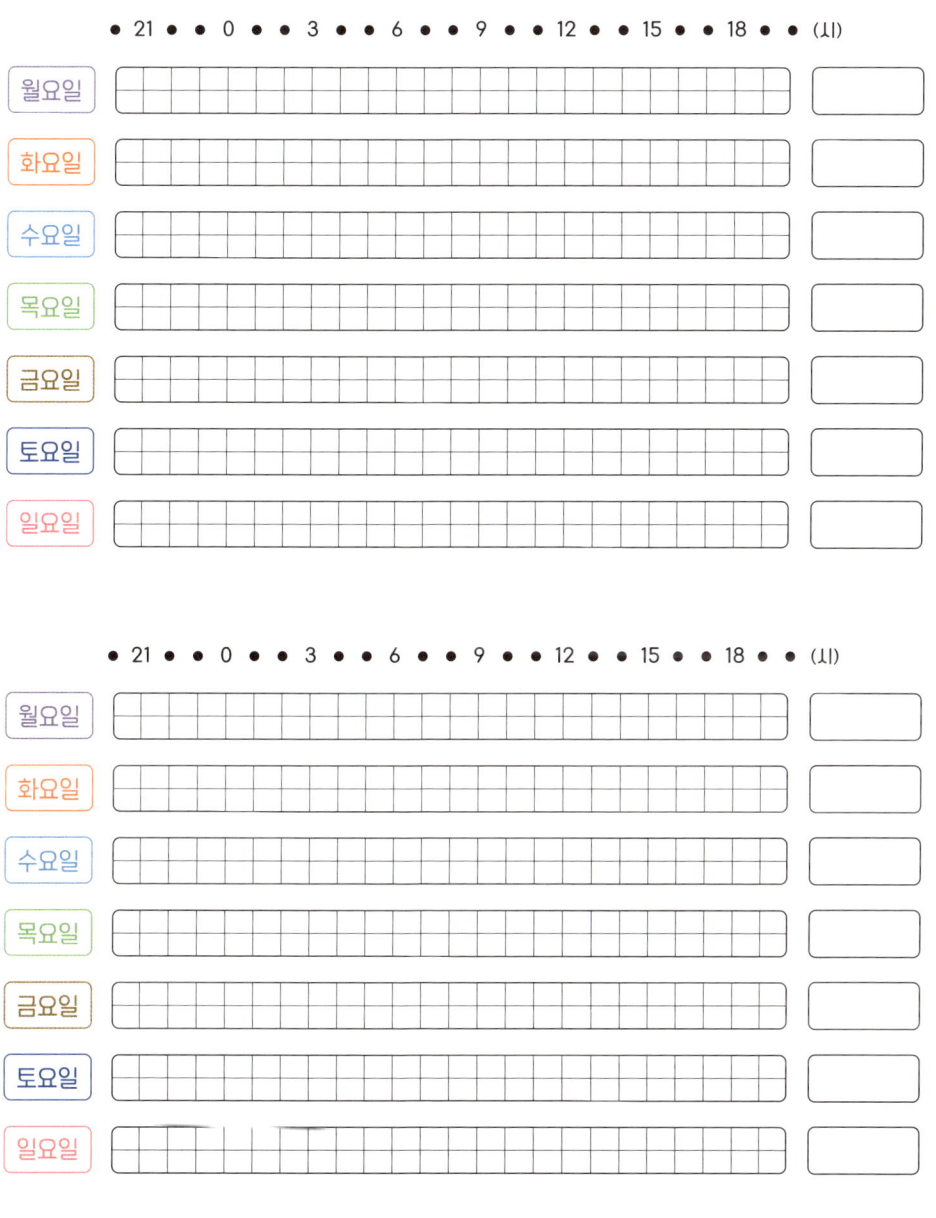

행동력 키우기 활동지 3

'오늘 할 일' 빙고 게임

1 오늘 할 일을 빈칸 안에 써 넣는다.

2 끝마친 일부터 지워 나간다.

3 가로, 세로, 대각선 중 어느 쪽이든 3개가 지워지면 빙고 완성!

한 칸씩
채워 가 보자!

게임처럼 신나게
해 보는 거야.

행동력 키우기 활동지 4

바로 하는 행동 지도

1 할 일을 적어 본다. 예) 숙제, 축구, 게임, 친구와 놀기

------

2 할 일을 '굉장히 중요한 일', '중요한 일', '보통 하는 일'로 나눈 뒤 중요도에 따라 동그라미 크기를 다르게 표시한다. 색으로 구분하면 더욱 알기 쉽다.

◯ 굉장히 중요한 일   ◯ 중요한 일   ◯ 보통 하는 일

------

3 행동 지도 위에 쓴다.

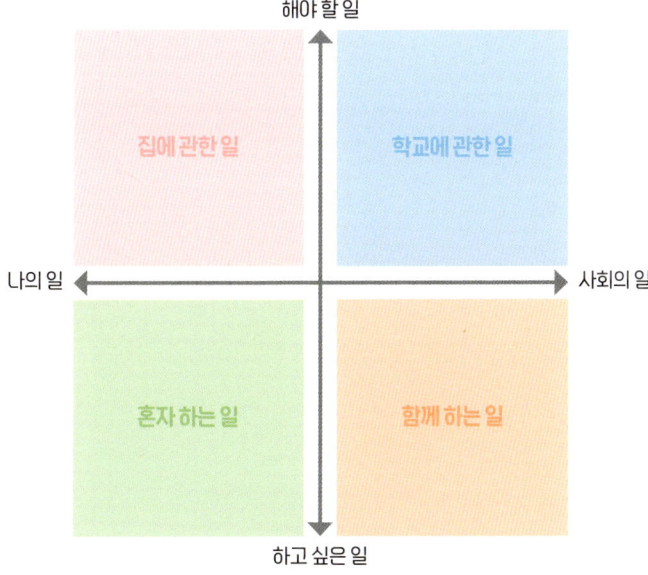
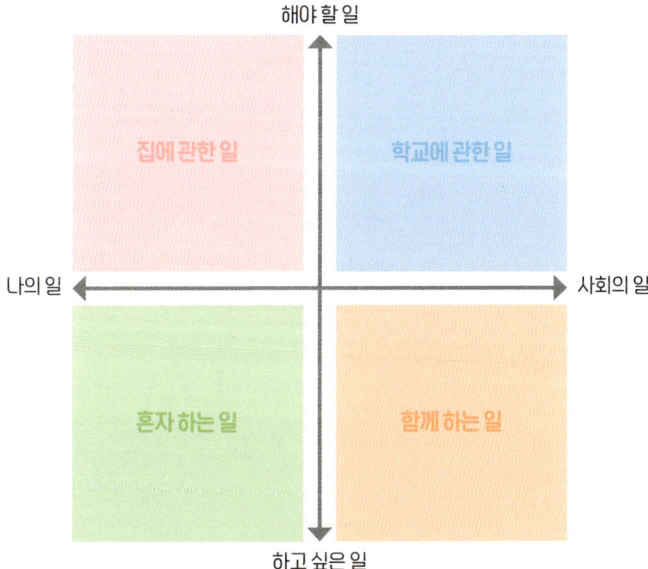

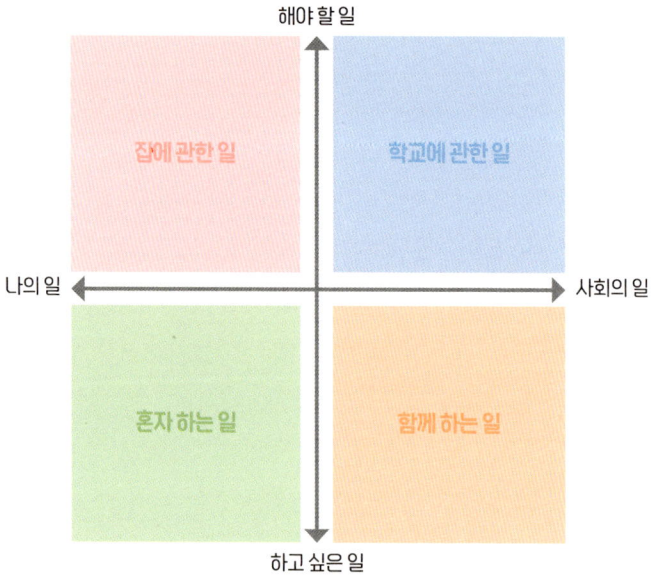
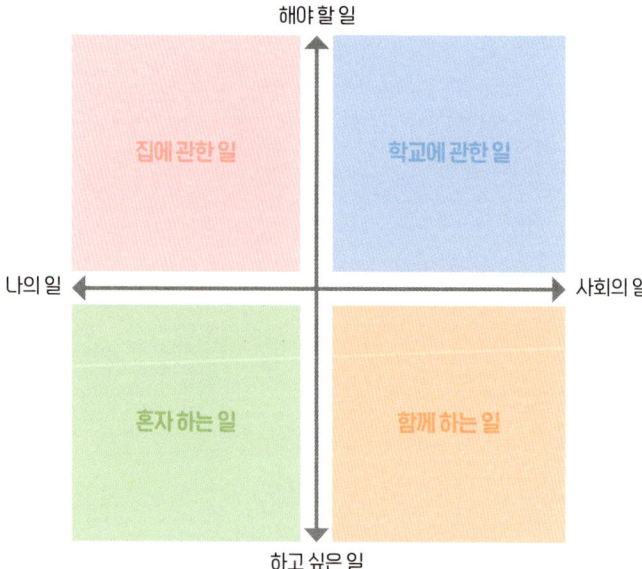

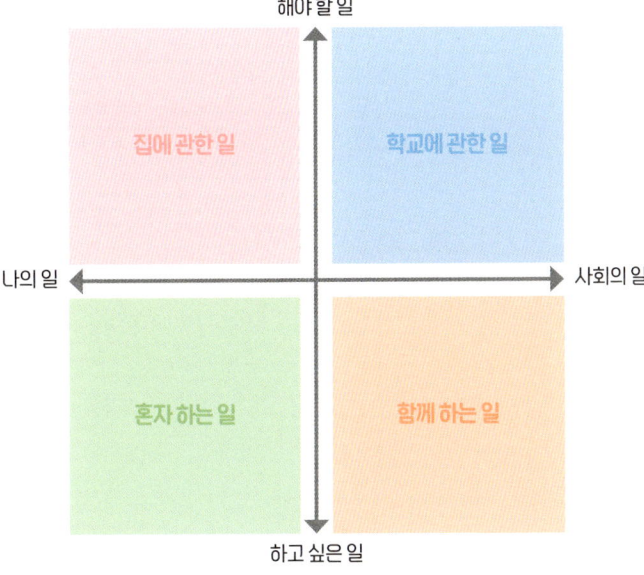
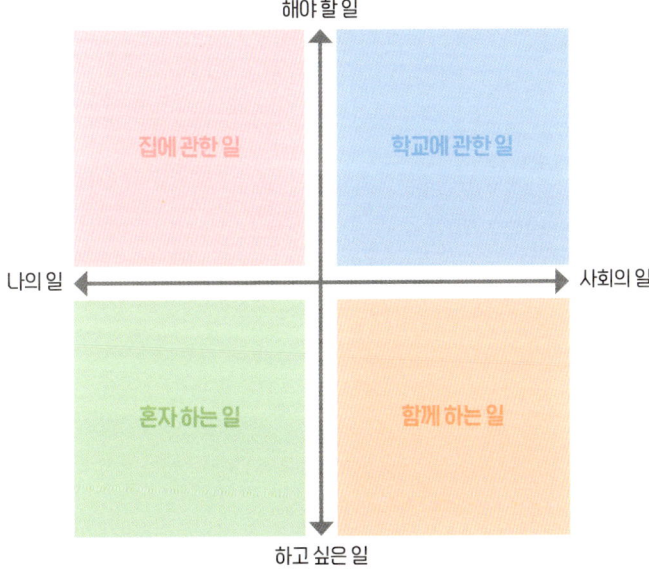

웅진주니어

어린이 게으름 탈출 위원회
: 오늘도 할 일을 미루고 싶은 너에게

초판 1쇄 발행 2024년 4월 29일

글 스가와라 요헤이 | **그림** 기타하라 겐타 | **옮김** 김신혜 | **감수** 손승현
발행인 이봉주 | **편집장** 안경숙 | **편집** 정아름, 윤정원 | **디자인** 김세영
마케팅 정지운, 박현아, 원숙영, 김지윤, 황지영 | **제작** 신홍섭 | **국제업무** 장민경, 오지나
펴낸곳 (주)웅진씽크빅 | **주소** 경기도 파주시 회동길 20 (우)10881
문의전화 031)956-7523(편집), 031)956-7569, 7570(마케팅)
홈페이지 www.wjjunior.co.kr | **블로그** blog.naver.com/wj_junior
페이스북 facebook.com/wjbook | **트위터** @new_wjjr | **인스타그램** @woongjin_junior
출판신고 1980년 3월 29일 제406-2007-00046호
원제 10歳から育てるすぐやる行動力: 科学的に考える後回しにしない方法
한국어판 출판권 ⓒ 웅진씽크빅, 2024 | **제조국** 대한민국 | **사용 연령** 7세 이상

10SAIKARA SODATERU SUGUYARU KODORYOKU: KAGAKUTEKINI KANGAERU ATOMAWASHINI SHINAI HOHO by Yohei Sugawara
Copyright © Yohei Sugawara, 2023
All rights reserved.
First published in Japan by Ehon no Mori, Tokyo

This Korean edition published by arrangement with Ehon no Mori, Tokyo in care of Tuttle-Mori Agency, Inc., Tokyo, through AMO AGENCY, Korea.

웅진주니어는 (주)웅진씽크빅의 유아·아동·청소년 도서 브랜드입니다.
이 책의 한국어판 저작권은 AMO 에이전시를 통한 저작권자와의 독점 계약으로 웅진주니어에 있습니다.
저작권법에 의해 한국 내에서 보호를 받는 저작물이므로 무단전재와 무단복제를 금합니다.

ISBN 978-89-01-28092-9 74800 · 978-89-01-26997-9(세트)

잘못 만들어진 책은 바꾸어 드립니다.
주의 1. 책 모서리가 날카로워 다칠 수 있으니 사람을 향해 던지거나 떨어뜨리지 마십시오.
    2. 보관 시 직사광선이나 습기 찬 곳은 피해 주십시오.